AF232883

PÉDAGOGIE

DE LA

LECTURE

ET DE LA PRONONCIATION

PAR

M. P.-N. CAZELLES

INSTITUTEUR PRIMAIRE.

Que si quelqu'un juge qu'il y ait de la petitesse à examiner des syllabes, une réflexion que je le prie de vouloir faire, c'est qu'il n'y a point d'art, point de science, dont les éléments aient rien de brillant, mais que rien de tout ce qui est nécessaire pour arriver à quelque chose d'estimable ne doit être méprisé. (D'OLIVET.)

Vous convenez donc qu'il y a une *vraie* prosodie dans notre langue, puisqu'il y en a tant de fausses. Et s'il y en a une vraie, il faut la chercher et la trouver. Elle n'est ni à *Oxford*, ni à *Cambridge*, ni à *Londres*, ni à *Dieppe*, ni à *Montpellier*, ni à *Toulouse*; elle est à PARIS, au centre de la lumière et du bon goût, parmi les *dames* qui se piquent de génie et d'élocution, parmi les *savants* et les *ecclésiastiques*, parmi les *académiciens* et les *avocats* du premier ordre qui la cultivent sans fin et sans cesse. (DURAND.)

Ouvrage Primaire et Original.

1re PARTIE. — *Consonnes et Voyelles.*

A FOIX

CHEZ POMIÉS FRÈRES, LIBRAIRES

1849

PRÉFACE.

La Pédagogie de la Lecture et de la Prononciation est un dictionnaire français où tous les mots de la langue, accompagnés de leur définition grammaticale chaque fois que les termes propres à la rendre se trouvent en rapport avec les connaissances acquises par celui qui apprend à lire, sont nomenclaturés et classés suivant la gradation naturelle des difficultés de la lecture et de la prononciation combinées.

On a cru longtemps et beaucoup pensent encore aujourd'hui qu'il suffit d'amener d'une manière quelconque les enfants à déchiffrer le grimoire des livres, pour les mettre à même d'acquérir une lecture correcte, une diction pure et élégante, voire même la compréhension du discours français, si riche et si varié dans ses formes. C'est là une erreur capitale, dont les fâcheux résultats sont par trop évidents pour qu'il soit permis de s'y méprendre, et pour que l'homme un peu philologue ne se fasse un devoir de la combattre et de chercher à la détruire.

L'art de lire peut être regardé comme le principe de toutes les sciences, puisque sans lui elles n'existeraient pas, pour ainsi dire, ou n'auraient du moins qu'une existence problématique, dont la connaissance serait souvent bornée à leurs inventeurs. C'est pourquoi l'homme d'enseignement s'est en tout temps évertué à trouver des procédés de lecture logiques, faciles, et par-dessus tout propres à graver dans l'esprit de l'élève les signes caractéristiques de représentation, aussi bien que l'intelligence des objets dont l'écriture a pour mission de rappeler l'idée, de perpétuer le souvenir. Malgré tant d'efforts de toutes les époques et de tous les lieux, ne peut-on pas cependant avancer, avec raison, que, des diverses méthodes de lecture proposées ou essayées jusqu'à ce jour, quel que soit le caractère qu'on ait voulu leur imprimer, il n'en est encore aucune satisfaisant à toutes les exigences ?

Les unes, les méthodes d'épellation, par exemple, que certains instituteurs suivent toujours et qu'un grand nombre d'autres, qui ne les ont répudiées qu'à regret, voudraient voir seules admises dans nos écoles, peuvent bien offrir quelques avantages au point de vue d'une connaissance précoce de l'orthographe ; mais la lenteur désespérante de leurs progrès, et, entre autres inconvénients, l'ennui et le dégoût qu'il semble de leur nature de faire naître, portent tout naturellement à les rejeter ; car, avant tout, il faut charmer l'élève, particulièrement l'enfant, dès qu'il s'agit de l'appliquer à une étude dont rien n'a pu lui révéler ni l'importance ni l'utilité.

Les méthodes sans épellation sont les antipodes de celles qui précèdent. Au lieu de décomposer les syllabes, comme celles-ci, en leurs diverses lettres constitutives, elles les présentent, au contraire, comme des touts indivisibles et les seuls véritables éléments des mots. Sans doute on trouve là un progrès sensible sur la manière d'enseigner à lire telle qu'elle était généralement pratiquée il n'y a pas encore un demi-siècle ; elles n'ont pu néanmoins faire pencher définitivement la balance de leur côté. En vain a-t-on voulu les défendre et les préconiser, les objections sérieuses qu'on leur a faites, la défiance et même la répugnance qu'elles inspirent, subsistent toujours.

Quant aux méthodes d'épellation et de non épellation tout à la fois, ce sont de vraies cacophonies. Assemblages bizarres et parfois monstrueux des premières, elles ne peuvent que répandre l'erreur et la confusion dans un sujet où la clarté et la simplicité doivent essentiellement dominer.

Puis, les auteurs des unes et des autres, de présenter toutes les règles de lecture dans un petit livre, qui, en dépit d'incroyables efforts pour y semer un peu de lucidité ou d'attrait, devient le premier écueil de l'enfance, et par suite son premier motif de découragement. Imaginez, en effet, un jeune élève placé tout récemment à l'école, mais assez avancé toutefois pour lire des mots tels que ceux-ci : *promenade*, *table*, *capote*, dans lesquels les éléments ne perdent jamais leur valeur, où n'y sont point seulement des nécessités orthographiques ; imaginez, dis-je, cet élève interrogé par son père, qui, dans l'inscience des principes suivis par le maître, manquant de régulateur pour reconnaître des progrès de l'enfant, ouvre au hasard l'*abécédaire* et exige de son fils qu'il lise un mot sur lequel, peut-être, se trouvent accumulées toutes les difficultés de la lecture. Qu'en résultera-t-il ? C'est que le père maugréera contre l'instituteur, dont il accusera l'incurie, sinon l'incapacité ; c'est que la plupart du temps aussi il gourmandera son enfant de ce qu'il ne saura pas ce qu'on lui a jamais appris, ou que son intelligence encore trop faible n'aura pu retenir ; c'est qu'enfin, celui-ci, au milieu des gémissements et des pleurs, coneevra pour l'école un souverain mépris, qui fera le désespoir de ses parents et deviendra pour lui une source abondante de chagrins cuisants dans le présent, de regrets amers pour l'avenir.

Voilà pour la lecture ; que serait-ce si l'on avait à scruter les préceptes de prononciation si clairsemés, les rudiments de grammaire jusqu'ici introuvables ; la science, en un mot, répandue dans les livres placés entre les mains de ceux qui apprennent à lire ?... Car c'est en vain qu'on voudrait désunir ces divers éléments du langage ; l'un entraîne l'autre, et *vice versâ*. La lecture, la prononciation, la grammaire, ne doivent pas seulement coexister, mais se confondre dans une seule et même étude.

Au milieu de cette Babel, et en présence des déboires ou des mécomptes sans nombre qui lui sont réservés, que fera l'instituteur, j'entends l'instituteur éclairé, se livrant par vocation aux pénibles fonctions de l'enseignement ? Il se rappellera ces consolantes paroles de l'évangile : *Cherchez et vous trouverez*. Et il cherchera, il cherchera jusqu'à ce qu'enfin il se croie parvenu au terme de ses tribulations, en mettant en pratique un système nouveau, *habit d'arlequin peut-être*, mais avec lequel il se familiarisera, lui et ses élèves ; avec lequel il fera des merveilles, et dont complaisamment il calculera d'avance les résultats favorables qu'il est assuré d'en obtenir. Ensuite, comme le désintéressement est le caractère propre du véritable éducateur, non content d'avoir usé sa santé, il épuisera encore sa bourse pour propager ses principes : car, glorieux de sa découverte, il serait heureux de voir ses confrères en retirer les mêmes avantages que lui. — Tel est le résumé assez fidèle de mon histoire d'instituteur ; il explique les motifs qui me portent en ce jour à livrer ce travail à l'impression.

Breveté en 1846, je n'ai cessé depuis cette époque de courir après les moyens les plus propres à contribuer au succès de mes élèves ; mais plus spécialement entraîné aux études grammaticales, c'est aussi vers l'enseignement de la lecture et de la prononciation que j'ai reporté mes plus minutieuses investigations. J'ai toujours pensé qu'une lecture correcte, une prononciation régulière, en facilitant l'entendement des mots et des phrases, et subsidiairement la connaissance de la grammaire, pouvaient seules conduire à des progrès sûrs et rapides dans les autres branches de l'instruction. Envisageant d'abord la lecture, après avoir erré quelque temps entre les diverses méthodes connues, je me suis arrêté aux principes suivants :

Recueillant les divers éléments qui peuvent entrer dans la composition d'un mot dont toutes les lettres se prononcent , je les ai divisés en cinq catégories graduées sur les difficultés naturelles que ces éléments offrent pour la lecture et la prononciation combinées. Ces cinq catégories , avec une dénomination spéciale , tirée de la nature même des caractères que chacune d'elles embrasse, forment l'objet d'autant de tableaux , dont voici l'énoncé :

CONSONNES ET VOYELLES.

CONSONNES DOUBLES ET VOYELLES DOUBLES.

ÉLÉMENTS CONSONNES ET ÉLÉMENTS VOYELLES.

CONSONNES SIFFLANTES ET ÉLÉMENTS VOYELLES DOUBLES

CONSONNES DIVERSES ET VOYELLES DIVERSES.

A quiconque s'est occupé d'enseignement, ces simples indications suffisent pour comprendre le mécanisme de ma classification. Aussi je pourrais me dispenser de m'étendre davantage à cet égard. J'entrerai néanmoins dans quelques développements , qui ne laisseront pas , même dès à présent , d'avoir leur utilité pour les personnes studieuses ou seulement désireuses d'en apprécier la valeur.

Je viens de dire , je dois répéter que les éléments des tableaux ne sont autres que ceux d'une lecture et d'une prononciation régulières, c'est-à-dire des mots où toutes les lettres s'articulent et d'une manière constamment uniformes. Il m'a semblé que les variantes de prononciation , des indications sur les lettres que l'usage veut qu'on néglige en parlant, etc., ne pouvaient y trouver place. Car, arrivé là, l'étude de la lecture et de la prononciation devient une véritable science. Ce n'est plus uniquement aux yeux que l'instituteur s'adresse, mais aussi à l'intelligence; et les succès de ses élèves, objet de soins curieux et incessants, appartiennent autant désormais au développement précoce ou tardif de leurs facultés intellectuelles qu'à l'excellence des procédés dont il fera usage pour les guider avec certitude dans le dédale des contradictions permanentes qu'offrent entre elles, à chaque pas, l'articulation et l'écriture des mots. N'est-ce pas alors surtout qu'il devient urgent pour l'homme voué à l'instruction de s'entourer de toutes les garanties possibles d'infaillibilité dans les résultats à obtenir, afin de venir en aide aux esprits lents , et les contraindre, en quelque sorte , malgré leur infériorité native , à marcher de pair même avec ceux que la nature a le plus heureusement doués ?.....

La disposition des tableaux repose sur la distinction unique de *consonnes* et de *voyelles* , admise par la grammaire pour les lettres de l'alphabet. Que je dise *consonnes et voyelles* , ou *consonnes doubles et voyelles doubles* , ou *éléments consonnes et éléments voyelles*, etc., ce sont toujours les mots *consonnes* et *voyelles*, qui reviennent, et qui seuls doivent frapper et appeler spécialement l'attention de l'élève. Les *consonnes* sont *à gauche*, les *voyelles à droite*. J'ai cru voir dans cette circonstance, encore inobservée, la pierre d'achoppement de toutes les difficultés de la lecture. Les raisons qui militent en faveur de cette assertion sont déduites dans le cours de l'ouvrage. Les praticiens de l'enseignement décideront jusqu'à quel point elle est fondée.

La *Pédagogie de la Lecture et de la Prononciation* comprend sept parties. Les cinq premières ont rapport aux cinq tableaux de lecture; la sixième s'applique aux doubles prononciations, et la septième fait connaître les mots qui souffrent, dans l'articulation, suppression de quelques-unes des lettres dont ils sont composés, mais que l'écriture réclame pour satisfaire aux exigences de l'orthographe.

Quand l'élève est imperturbablement fixé sur les éléments contenus dans un tableau, et qu'on lui a enseigné à les réunir en syllabes suivant les procédés indiqués, on le fait passer à la lecture de la partie de la *Pédagogie* afférente à ce tableau, laquelle ne contient *jamais* que des mots formés de signes parfaitement connus, et où ils sont présentés *divisés en syllabes* et disposés sous la forme *dictionnarique*. Chaque partie est terminée par un exercice de lecture courante où les mêmes mots se reproduisent, mais dans des phrases morales, instructives ou simplement grammaticales, suivant la nature et la commodité du sujet, initiant ainsi insensiblement l'élève au génie de la langue, comme aux meilleures manières de la parler et de l'écrire. La règle fixe, invariable, pour la perception des syllabes est placée en tête de chaque exercice. On ne passe à un autre tableau que lorsque l'élève sait lire correctement, instantanément et sans hésitation les mots composés avec les éléments du tableau précédent, les *syllabes non séparées*.

Il est aisé de comprendre qu'en procédant ainsi, pour paraître moins rapides qu'ils ne sont en réalité, les progrès de l'élève n'en sont pas moins certains; de telle sorte que, l'étude des tableaux étant terminée, quand arrive pour lui le moment d'être formé aux variantes de prononciation, aux *négligences* de lettres en lisant, ces nouvelles difficultés n'en sont plus pour lui : ce sont plutôt des jeux intéressants où il se montre fier d'exceller, tant son intelligence s'est développée, fortifiée sous l'influence salutaire des exercices préparatoires auxquels on l'a précédemment soumis. — Ces difficultés se présentent d'ailleurs une à une, afin de pouvoir être plus facilement surmontées ; de plus elles s'offrent à l'élève en suivant l'ordre des tableaux ; et de cette manière celui-ci, étant mis à même de faire une nouvelle étude de ses premières leçons, voit ses connaissances s'agrandir et se corroborer. Les enfants ont la mémoire essentiellement locale ; ce n'est qu'en revenant jusqu'à satiété sur les objets qu'on peut espérer de leur en donner une idée nette, précise, ineffaçable.

Il importe de remarquer que le moyen le plus assuré et le plus expéditif, pour l'instituteur qui a une nombreuse classe à conduire, d'initier ses élèves à la formation des syllabes, est de préluder à la lecture au livre par des exercices au tableau noir. Pour cela il lui suffira de copier quelques séries de mots prises au hasard dans la *Pédagogie*, mais affectant l'ordre suivi pour l'impression. Les résultats obtenus à l'aide de ce procédé sont presque merveilleux.

C'est à dessein qu'après avoir donné des détails assez étendus sur la lecture, j'omets toute observation particulière à la prononciation proprement dite : l'esprit qui m'a guidé dans cette partie si importante de mon travail est tout entier dans la seconde épigraphe du titre de ce livre. Je ne m'arrêterai pas davantage à la partie grammaticale ; ce que j'en ai glissé en passant me semble suffire à l'intelligence de ce que je pourrais ajouter. N'aurais-je pas à craindre, au reste, de fatiguer le lecteur?... Aussi me paraît-il plutôt convenable d'arrêter ces explications, déjà trop longues peut-être, et de me résumer, en présentant sommairement les divers avantages que peut procurer l'usage de la *Pédagogie de la Lecture et de la Prononciation.*

Ces avantages sont :

1° D'initier le plus promptement et le plus sûrement possible à la connaissance de tous les éléments de lecture ;

2° D'aider à acquérir et de donner même une bonne prononciation ;

3° De procurer une connaissance hâtive de l'orthographe de tous les mots de la langue ; puisque tous viendront à plusieurs reprises se placer sous les yeux de l'élève avec tous leurs signes caractéristiques ;

4° De faciliter de bonne heure (but ultérieur et final) l'entendement des termes si divers et si nombreux du discours français, en trouvant, dans la lecture, à côté de presque chaque mot sa définition grammaticale;

5° Enfin, la *Pédagogie de la Lecture et de la Prononciation* semble appelée à remplacer, par sa rédaction, tous les livres de lecture placés jusqu'à ce jour entre les mains des enfants, comme *Abécédaire*, *Imitation*, etc.

Qu'il me soit maintenant permis, en terminant cette énumération, de poser cette question :

Ne sont-ce pas là les caractères qui doivent distinguer un livre qui a la prétention d'*enseigner à lire* ?

C'est avec confiance et sans présomption que je livre mes élaborations au jugement des hommes compétents. Heureux si mes efforts pour me rendre utile à l'enfance, à laquelle j'ai dévoué ma vie, rencontrent quelques sympathies ; et, si je n'ai pas entièrement atteint le but, d'avoir procuré à un collègue, mieux inspiré ou plus instruit, l'occasion, sinon les moyens, d'y arriver !

P.-N. CAZELLES,

Instituteur primaire.

Foix, le 4 février 1849.

CONSONNES ET VOYELLES.

CONSONNES A GAUCHE.						VOYELLES A DROITE.		
b b **B**	c c **C**	d d **D**	f f **F**	g g **G**	j j **J**	a a **A**	e e **E**	i i **I**
k k **R**	l l **L**	m m **M**	n n **N**	p p **P**	q q **Q**	o o **O**	u u **U**	y y **Y**
r r **R**	s s **S**	t t **T**	v v **V**	x x **X**	z z **Z**	h h **H**	é é **É**	è è **Ê**

ALPHABET MINUSCULE.

a b c d e f g h i j k l m n o p q r s t u v x y z

ALPHABET MAJUSCULE.

A B C D E F G H I J K L M N O P Q R S T U V X Y Z

ALPHABET ITALIQUE.

a b c d e f g h i j k l m n o p q r s t u v x y z

PÉDAGOGIE

DE LA LECTURE

ET

DE LA PRONONCIATION.

PREMIÈRE PARTIE.

Consonnes et Voyelles.

Lire c'est parler le langage écrit.

On ne saurait lire sans une connaissance préalable des *signes* adoptés par l'usage pour représenter l'écriture. C'est donc par là qu'il faut commencer l'étude de la lecture.

Les signes destinés à représenter l'écriture s'appellent *lettres*.

La langue française reconnaît deux sortes de lettres : les lettres *consonnes* et les lettres *voyelles*. Le tableau ci-contre présente l'ensemble de ces divers caractères, classés suivant les deux catégories admises par la grammaire.

En le mettant pour la première fois sous les yeux de l'élève, on lui dit que pour lire comme pour écrire (1), on emploie des *lettres*; que les lettres sont les *signes* qu'il distingue dans chaque carré du tableau; et, le plaçant au centre, en lui faisant mettre, au besoin, une main sur chaque espèce de lettres, on lui apprend que celles de *gauche* s'appellent *consonnes*, et que celles de *droite* se nomment *voyelles*.

---

(1) On dit pour *écrire*, à cause des lettres italiques qui par leur forme se rapprochent sensiblement de l'écriture bâtarde, et même de la cursive dite *anglaise*, aujourd'hui l'écriture vulgaire.

Il est de la dernière importance d'insister longtemps sur le placement respectif des consonnes et des voyelles, car c'est là la pierre de touche de la lecture. Toute syllabe formée par la *combinaison* (1) d'une ou plusieurs consonnes avec une voyelle, est invariablement, par ce seul fait, composée de deux parties : la *partie consonne* et la *partie voyelle* (2). Or, en posant le bout d'une baguette sous la voyelle, on trouve naturellement les lettres qui constituent la *partie consonne à gauche* et celles qui renferment la *partie voyelle à droite*. — Et comme un mot ne peut être lu autrement qu'il n'est parlé, c'est-à-dire par syllabe, cette distinction ramène toujours la lecture à sa forme la plus simple, au *b...a, ba*. Cette théorie ressortira pleinement dans les explications sur les *consonnes doubles* et les *voyelles doubles*.

On commence ordinairement l'étude des lettres par les voyelles. Il n'y a pas de raison plausible, irréfragable, qui puisse justifier cette préférence, sans objet. Peut-être même serait-il plus logique de commencer par les consonnes si l'on voulait tenir compte de leur position antérieure dans la plupart des syllabes. Tel est, au reste, mon sentiment.

Voici la prononciation des consonnes (3):

b, c, d, f, g j, k, l, m, n, p, q, r, s, t, v, x, z.
be, ke, de, fe, gue, je, ke, le, me, ne, pe, ke, re, se, te, vé, ksé, ze.

La prononciation des voyelles n'offre point de difficultés. Il faut seulement remarquer que *e* a une articulation muette et non aiguë, et que *y* doit être prononcé *i*, sans l'accompagner de la qualification de *grec*, qui n'ajoute rien à la valeur intrinsèque de la lettre, en même temps qu'elle est sans utilité pour celui qui apprend à lire.

(1) On doit entendre par *combinaison* les assemblages de lettres *ra*, *tru*, *bla*, etc., dont la fusion est intime dans la prononciation. *Or*, *al*, *oup*, etc., sont plutôt des *juxtapositions* que des combinaisons de lettres.

(2) La *partie voyelle* d'une syllabe comprend non seulement la voyelle, mais encore toute consonne placée à la suite et qui s'y joint par la prononciation. Dans les deux syllabes du mot *mor-tel*, les parties voyelles sont *or*, *el*.

(3) Bien que quelques lettres s'articulent de plusieurs manières, je ne donne à chacune d'elles qu'une prononciation unique. Celle que j'indique ici, particulièrement pour le *c* et le *g*, outre qu'elle est, je crois, la plus généralement adoptée, m'a paru mériter la préférence parce qu'elle est celle que ces lettres conservent le plus souvent.

La lettre *h* n'a pas de prononciation particulière. Ce caractère, dans la science de la lecture et de la prononciation, peut être regardé comme une espèce d'hermaphrodite, appartenant aussi bien aux voyelles qu'aux consonnes : car s'il modifie l'articulation des consonnes *c* et *p* avec lesquelles il se combine parfois, son influence n'est pas moindre sur les voyelles dans les mots où il est dit *aspiré*. — L'appellation ancienne disait *ache*; la nouvelle fait articuler *he* : ces deux dénominations sont également défectueuses pour l'enseignement de la lecture. Ne serait-il pas plus rationnel, ici, de nommer cette lettre *sans-son* ou *sans-nom*, appellation en quelque sorte matérielle, emportant avec elle son explication, et qui, une fois indiquée à l'élève, suffit à lui éviter tout embarras dans la lecture des syllabes où elle figure ? — La place qu'on lui donne dans la partie du tableau affectée aux voyelles n'entraîne aucune conséquence. Elle doit être apprise à l'élève avec les consonnes à la suite du *z*, et aussi en étudiant les voyelles, en ces termes : *Sans-son, lettre qui n'a pas de son, qui n'a pas de nom, qui ne se prononce pas.*

Quand l'élève connaît sans hésitation les consonnes et les voyelles, représentées dans l'intérieur et au bas du tableau sous leurs trois formes *minuscules*, *majuscules* et *italiques*, il convient de lui apprendre qu'on nomme ALPHABET la *réunion de toutes les consonnes et de toutes les voyelles*. Il y a trois alphabets : l'alphabet *minuscule*, l'alphabet *majuscule* et l'alphabet *italique*. On les fait parcourir successivement à l'élève, en exigeant qu'à chaque lettre il énonce sa qualité de *consonne* ou de *voyelle*. Ce n'est que lorsqu'il est invariablement fixé à cet égard qu'on l'initie à la formation des syllabes, à laquelle il arrive promptement en prenant une consonne et une voyelle quelconques, et en les lui faisant prononcer l'une après l'autre d'une manière de plus en plus rapide, jusqu'à ce qu'enfin il les confonde dans une seule émission de voix. Exemple : *b.....a, b....a, b...a, b..a, b.a, ba.* A l'aide de ce procédé, après un très court exercice, l'élève forme lui-même et lit sans difficulté toutes les syllabes composées d'une consonne et d'une voyelle.

Afin de familiariser l'élève tant avec la connaissance des lettres qu'avec leur valeur, leur qualité, leur position, leurs combinaisons, etc., on peut lui adresser des questions de la nature de celles-ci :

QUESTIONNAIRE.

Qu'est-ce que lire ? — Lire c'est parler l'écriture.

De quoi se sert-on pour lire ? — Pour lire on se sert de lettres.

De quel côté sont les consonnes ? — Les consonnes sont à gauche.

De quel côté sont les voyelles ? — Les voyelles sont à droite.

Montrez les lettres a, d, p, i, g, *etc. ?* — L'élève pose successivement le doigt sur chaque lettre qu'on lui nomme.

Montrez sans-son ? — L'enfant pose le doigt sur *h*.

Que veut dire sans-son ? — Une lettre qui *n'a pas de son*, qui *n'a pas de nom*, qui *ne se prononce pas*.

Qu'est-ce que l'alphabet ? — L'alphabet c'est la réunion de toutes les consonnes et de toutes les voyelles.

Combien y a-t-il d'alphabets ? — Il y a trois alphabets.

Quels sont-ils ? — L'alphabet *minuscule*, l'alphabet *majuscule* et l'alphabet *italique*.

Que veut dire italique ? — Italique veut dire *couché*.

Qu'est-ce que b, *consonne ou voyelle ?* — Consonne.

Qu'est-ce que o, *consonne ou voyelle ?* — Voyelle.

Comment font m...a *?* — ma. — p...u *?* — pu. — t...é *?* — té.

Quelles lettres faut-il pour faire nè *?* — La consonne *n* et la voyelle *è*.

Relativement à ces quatre dernières questions, il est bon de remarquer qu'en même temps que l'élève y répond, il faut exiger de lui qu'il montre ou la lettre ou la réunion de lettres dont on lui parle. Quelques consonnes, voyelles et syllabes tracées à l'avance sur un tableau noir servent merveilleusement pour cet exercice.

LECTURE SYLLABIQUE.

A

A bi me
A co ty lé do ne
A cu mi né
A é ri fe re
A é ro li the
A é ti te
A ga
A ga me
A ga pe
A ga pè té
A go no thè te
A hi
A lè ne
A li ze, a li zé
A li bi
A li da de
A li né a
A lu de
A lu mi ne
A ma bi li té
A ma zo ne
A me
A mé ni té
A mé ta bo le
A mi, a mi ti é
A mo me
A mo vi bi li té
A mu re
A na, a ne
A né mo ne
A ni ma li té
A no ny me
A pé ta le

A pi
A po de
A po zè me
A py re
A ra
A ra be
A re
A rè ne
A rê te
A ri de
A ri di té
A ro ma te
A rô me
A to me
A va re
A vé, Ma ri a
A vi de
A vi di té
A xe
A xi o me
A ze ro le
A zo te
A zu ré
A zy me

B

Ba bi ne
Ba di ne
Bah !
Ba na li té
Ba na ne
Ba ry te
Ba ve
Ba vu re

Bé a ti tu de
Bé né vo le
Bé ta, bê te
Bi fi de
Bi ga me
Bi ga ra de
Bi le
Bi nô me
Bi pè de
Bi rè me
Bi ri bi
Bi tu me
Bo a
Bo bi ne
Bo bo
Bo ni
Bo ni te
Bo re
Bu ba le
Bu be (*élevure*)
Bu re

C

Ca ba le
Ca ba ne
Ca bi ne
Ca ca
Ca ca de
Ca ca o
Ca dè ne
Ca di
Ca do le
Ca fé
Ca fe ti è re

Ca hu te	Cô te, cô té, co te	Di a ne
Ca la mi ne	Cu be	Di è te
Ca la mi té	Cu i re, cu i ra	Di la ta bi li té
Ca la mi te	Cu i te	Di me
Ca le	Cu pi de	Di re, di ra
Ca li fe	Cu pi di té	Di to
Ca lo ri fè re	Cu re, cu ré	Di vi ni té
Ca ma ra de	Cu ru le	Do du (*po te lé*)
Ca na pé	Cu ta né	Dô me
Ca na ri	Cu ti cu le	Do mi no
Ca ne	Cu ve	Du ne
Ca ni cu le		Du o
Ca pi lo ta de	**D**	Du pe
Ca pi tu le	Da da	Du re-mè re
Ca po te	Dah li a	Du re té
Ca ra bi ne	Da me	
Ca ra fe	Da ri o le	**E**
Ca ra va ne	Da te	É bè ne
Ca rê me	Dé bi le	É ca le
Ca rè ne	Dé bi li té	É co le
Ca ri ca tu re	Dé ca de, dé ca di	É co no me
Ca ro ti de	Dé ca go ne	É cu
Ca ti	Dé da le	É cu me
Ca ti mi ni	Dé di re, dé di ra	É ga li té
Ca va le	Dé du i re	É lè ve
Ca va ti ne	Dé fi	É li re, é lu
Ca ve	Dé fi lé	E li te
Ca vi té (*vi de*)	Dé i té	É mé ri
Co co	Dé jà	É mé ri te
Co de	De là	É mu le
Co ke	Dé lé tè re	É pi
Co lè re	Dé li re	É pi ne
Co lu re	De mi–lu ne	É pi to me
Co ma	Dé ni	É pu re
Co mè te	Dé pu té	È re
Co mi té	Dé ri ve	É ta mi ne
Co ni fè re	Dé te nu	É ta mu re
Co pa hu	Di a !	É ta pe
Co pu le	Di a bè te	É té

É to le	**G**	**I**
É tu de	Ga ba re	I pé ca cu a na
É tu i	Ga de	I di o me
É tu ve	Ga la	I do le
	Ga le	I le (*i le*)
	Ga lé ga	I lo te
F	Ga lè re	I na mo vi bi li té
Fa	Ga li o te	I na ni té
Fa de	Ga lo pa de	I né ga li té
Fa mé	Ga re! ga re	I nha bi le
Fa mi li a ri té	Gâ tè–pâ te	I nha bi le té
Fa mi ne	Ga ze, ga zé	I nha bi li té
Fa ne		I nhu ma ni té
Fa ri bo le		I ni mi ti é
Fa ri ne	**H**	I no do re
Fa ta li té	Ha! ha–ha	I na li é na bi li té
Fa tu i té	Ha bi le, ha bi le té	
Fa vo ri, fa vo ri te	Ha bi tu de	
Fé cu le	Hà le	**J**
Fé dé ré	Ha ro	Ja le
Fé lu re	Hâ te, hâ ti ve té	Jé ré mi a de
Fé o da li té	Hâ ve	Ju bé
Fè te	Hé! eh!	Ju bi lé
Fé ti de, fé ti di té	Hé ma ti te	Ju di ca tu re
Fé tu	Hé mi (*de mi*)	Ju ju be
Fè ve, fé ve ro le	Hé ré di té	Ju pe
Fi dè le, fi dé li té	Hé té ro do xe	Ju ré, ju ry
Fi è vre	Hi la ri té	
Fi gu re	Hi le	**K**
Fi gu ri ne	Ho! ho là! ho!	Ka li
Fi la tu re	Ho mo ny me	Ka ra ta
Fi le	Hô te	Ki na
Fi li è re	Hu i le	
Fi lu re	Hu i ti è me	**L**
Fi o le	Hu ma ni té	La bi é
Fi xe, fi xi té	Hu mi di té	La cu ne
Fo li o	Hu mi li té	La gu ne
Fo ru re	Hu ne	La ma
Fu i te	Hu re	La me
Fu ti le, fu ti li té	Hy è ne	La ni è re

La ni fè re	Ma do ne	Mo bi le
La ti ni té	Ma jo ri té	Mo bi li té
La ti tu de	Ma ki	Mo da li té
La va bo	Ma la de	Mo de, la mo de
La ve	Mâ le	Mo dè le
La vu re	Ma lha bi le	Mo du le
Lé ga li té	Ma lha bi le té	Mo ka
Lé gu me	Ma ni è re	Mô le
Lé thi fè re	Ma ni pu le	Mo lé cu le
Lè ve, le vù re	Ma re	Mo na de
Lé vi te	Ma ri	Mo no ma ne
Li a ne	Ma ri ne	Mo no po le
Li bé ra li té	Ma ri ti me	Mo no to ne
Li ga tu re	Ma te lo te	Mo ra le
Li me, li mu re	Ma ta mo re	Mo ra li té
Li mi te	Ma té ri a li té	Mo xa
Li mo na de	Ma ti è re	Mu le
Li mo na di è re	Mâ tu re	Mù re
Li mo ni è re	Ma xi me	Mu rè ne
Li re, li ra	Mé di re	Mu ri a te
Li tho to me	Mé li ze	Mu ta bi li té
Li ti è re	Mé lo ma ne	My o pe
Li to te	Mè me	My ri a de
Li u re	Mé na de	My u ré
Li vi de, li vi di té	Me nu	
Lo be, lo bu le	Mè re	**N**
Lo ca li té	Mé ri te	Na ti vi té
Lo to	Mé té o re	Na tu ra li té
Lu i re, lu i ra, lu i	Mé tho de	Na tu re
Lu mi è re	Mi ca	Na vi re
Lu ne	Mi di	Né ri te
Lu xe, lu xu re	Mi me	No ma de
Ly re	Mi ni a tu re	No me
	Mi ne, mi ni è re	No ne, no ni di
	Mi ni me	No ta, no te
M	Mi no ri té	No to ri é té
Ma ca ro ni	Mi nu te	Nu bé cu le
Ma cu la tu re	Mi re	Nu bi le
Ma cu le	Mi te	Nu bi li té
Ma da me		

Nu di té	Pa tè re	Po è le
Nu i re, nu i ra	Pa ti ne	Po è me, po è te
Nu mé ro	Pâ tu re	Pô le, po la ri té
	Pa va ne	Po ly ga me
O	Pa vé	Po ly go ne
O bo le	Pé co re (*bê te*)	Po ly nô me
O de	Pé cu le	Po ly pe
Oh !	Pé cu ne	Po pe
O li ve	Pé da le	Po pe li ne
O pa le	Pé di cu re	Po pu la ri té
O pé ra	Pé di lu ve	Pu bè re
O ra to ri o	Pé di ma ne	Pu é ri li té
O ro be	Pe la de	Pu î né
O va le	Pe la mi de	Pu re té
O ve	Pê le-mê le	Py lo ne
O vi pa re	Pè le ri ne	Py lo re
O xy de	Pe lo te	Py ra mi de
	Po lu, pe lu re	Py ri te
	Pé na li té	
P	Pè ne	**R**
Pa go de	Pé pi ni è re	Ra de
Pâ le (*dé co lo ré*)	Pè re	Ra di cu le
Pâ me	Pé ri bo le	Ra fa le
Pa na de	Pé ri o de	Ra jah, ra ja
Pa pa (*pè re*)	Pé ro né	Râ le
Pa ra bo le	Pé ro xy de	Ra me, ra mu re
Pa ra de	Pé ta le	Ra nu le
Pa ra do xe	Pi a no	Râ pe, râ pu re
Pa ra sé lè ne	Pi ca	Ra pi de
Pa rè re	Pi é té	Ra pi di té
Pa ri	Pi le	Ra pi è re
Pa ri a	Pi lo ri	Ra pi ne
Pa ri té (*é ga li té*)	Pi lo te	Ra re, ra re té
Pa ro le	Pi lu le	Ra ta fi a
Pa ro li	Pi re	Ra ti è re
Pa ro ny ne	Pi ro le	Ra ti ne
Pa ro ti de	Pi te	Ra tu re
Pa ta te	Pi ti é	Ra ve
Pâ te, pâ té	Pi tu i te	Ra vi go te
Pa tè ne		

Ra vi ne	Ro be	Sé vè re, sé vé ri té
Ré a li té	Rô le	Si li cu le
Re cu i re	Ro te	Si lo
Re cu la de	Rô ti	Si mi li tu de
Re di re, re di ra	Ro tu le	Si né cu re
Re di te	Ro tu re	Si re
Ré é li re, ré é lu	Ru a de	Si rè ne
Ré ga la de	Ru de	Si ro co
Ré ga le	Ru i ne	Si te
Ré gu la ri té		So fa, so fi
Ré gu le	**S**	So lé no pe
Re li u re	Sa bi ne	So le
Re li re, re lu	Sa la de	So li da ri té
Re lu i re, re lu i	Sa le, sa le té	So li de
Re mè de	Sa lé, sa lu re	So li di té
Ré mo la de	Sa li è re	So li pĕ de
Ré mo ra	Sa li ve	So li tu de
Rè ne	Sa lo pe	So li ve
Re pè re	Sa me di	So lo
Ré ti cu le	Sa pe, sa pé	So lu bi li té
Ré ti ne	Sa pi de	So na te
Rè ve	Sa pi ni è re	So no re
Re ve nu	Sa ti na de	So no ri té
Rha ga de	Sa ti re, sa ty re	So po ri fè re
Rhi zo bo le	Sa va ne	Su a ve, su a vi té
Rhu me	Sa va té	Su bi to
Ri bo te	Sa xa ti le	Su i te
Ri de	Sé bi le	Su pé ri o ri té
Ri di cu le	Sé cu la ri té	Su re té
Ri di cu li té	Sé cu ri té	Su tu re
Ri go le	Sé du i re	Sy ba ri te
Ri me	Se mi (*de mi*)	Sy co mo re
Ri pe	Sé né	Sy no de
Ri re, ri ra	Sé ne vé	Sy no ny me
Ri te	Sé ni le	
Ri va li té	Sé pi a	**T**
Ri ve, ri vi è re	Sé ré na de	Ta ba ti è re
Ri xe	Sé ré ni té	Ta bi de
Ri zi è re	Sè ve	Ta fi a

Ta ni è re | Tu bu lé | Vé ru ti ne
Ta pe | Tu bu lu re | Vê tu re
Ta pi o ca | Tu i le | Vi a bi li té
Ta ra re! | Tu li pe | Vi da me
Ta re | Ty pe | Vi de
Ta ri è re | Ty po ma ne | Vi du i té
Ta ve lu re | | Vi le té
Ta xe | **U** | Vi o le
Té mé ri té | U na ni me | Vi pè re
Té ni a | U na ni mi té | Vi pé ri ne
Té nu, té nu i té | U ni è me | Vi ra go
Te nu re | U ni té | Vi ri li té
Tê te, tê ti è re | U ra ne | Vi ro le
Té ti ne | U ra te | Vi ta li té
Thé | U re | Vi te
Thè me | U ré tè re | Vi ti co le
Thé i è re | U ri ne | Vi vi pa re
Thé o rê me | U ti le, u ti li té | Vo la ti le
Thu i a, thu y a | | Vo la ti li té
Ti a re | **V** | Vo le
Ti bi a | Va cu i té | Vo li è re
Ti è de | Va de | Vo lu bi li té
Ti mi de, | Va lé ri a ne | Vo lu me
Ti mi di té | Va lé tu di ni té | Vo lu te
Ti mo ré | Va li de | Vo te
Ti ne | Va li di té |
Ti ra de | Va ni té | **Y**
Ti re li re | Va re | Y a no li the
Ti re-tê te | Va ri a bi li té | Y o le
Ti thy ma le | Va ri é té |
Tô le | Va ri o le (*pe-* | **Z**
To ma te | *ti te vé ro le*) | Za ni
To me | Ve da | Zé bu
To pa ze | Vé hi cu le | Zè le
To re | Ve lu | Zé ro
To ry | Vé ri ne | Zi be li ne
To ta li té | Vé ri té | Zo ne
Tu be | Vé ru la me | Zy go ma

LECTURE COURANTE [1].

RÈGLE.

Une consonne placée entre deux voyelles se prononce avec celle qui est derrière , c'est-à-dire à droite.

Abîmé (*gâté , sali*). Une alène. Amabilité rare. Une amazone, une robe d'amazone, une mère amazone. Ame divine , âme vile , âme vénale. Ami solide , ami fidèle. Amitié pure , amitié délicate , une rare amitié. L'anathème. Une anémone. Une petite arête. Aridité de l'âme. L'avidité de l'avare.

Je badine. Dire une banalité. Une banane. De la bave. La béatitude. Une bête. Pétale bifide. Une bigarade. Du bitume solide. Le boa a la bave fétide,

[1] Un vice remarquable chez les élèves lorsqu'ils commencent à lire couramment, est celui de transposer les lettres , notamment dans les mots dont la première syllabe est une voyelle seule. Cela est naturel : habitués à ne *former* que des syllabes composées invariablement de deux lettres, une *consonne à gauche*, une *voyelle à droite*, ils s'imaginent qu'il doit toujours en être ainsi, et ils ne se font aucun scrupule de *porter devant* un caractère *placé derrière* un autre, pour le prononcer conjointement avec celui-ci, tandis qu'il appartient à la syllabe suivante. La règle placée en tête de ce premier exercice est de nature à détruire cet inconvénient, lequel, si l'on n'y prenait garde empêcherait tout progrès réel ultérieur. Pour obtenir un résultat satisfaisant sous ce rapport, j'ai recours au procédé que voici : Chaque fois que l'élève se trompe , je pose le doigt, le bout d'une baguette , sous la voyelle constituant la syllabe à lire , et je lui adresse cette question : *Où est la consonne ?*—On conçoit que, si la voyelle était précédée d'une consonne, l'enfant dirait aussitôt : *A gauche*. Mais, en apercevant à droite le signe sur lequel on l'interroge, contrairement à ce qui lui a été enseigné, il ne répond rien d'ordinaire et semble chercher. Je profite de ce moment d'embarras pour lui rappeler la règle et lui faire observer que la voyelle, n'ayant devant elle aucune consonne, doit être prononcée seule. Une expérience souvent répétée m'a appris que rarement ce procédé n'était pas couronné d'un plein succès.—Les personnes vouées à l'enseignement voudront bien me pardonner ces détails, susceptibles à plus d'un titre d'être qualifiés de puérils , de minutieux , de méticuleux même, en faveur du motif qui les inspire : lorsqu'on écrit plus spécialement pour l'enfance, on ne saurait, ce me semble, par ses paroles comme par ses actions, se trop rapprocher de cet âge si faible et si intéressant.

Mon cœur seul a tenu la plume.

boa rativore, boa bojobi, boa caréné, boa vipériné. Une bobine. Bube (*petite élevure*). Vêtu de bure.

Une cabale. Ma cabane. La cabine du navire. Le cadi. Une cadole. Café moka, café mariné, café avarié. Une cafetière. Une calamité. Une cale. Le calife arabe. Le camarade, une camarade. Le canapé. Joli canari. Une cane de la Caroline. La canicule. Une cape. Une capilotade. Une vérité capitale ; la capitale de Bohême. Une capote. Une carabine. Une carafe. La caravane mahométane. Le carême, la mi-carême. Une caricature ; figure caricaturale. La carotide. Une cavale. Une cave. Une cavité (*ride*). Du coco. Le dédale du code. Le coke. La colère divine. La nature s'anime, la nature se colore. Une comète. Comité de sûreté. Du copahu. La cote A, la cote B. Une côte, côte à côte, une rude côte, à mi-côte, jeté à la côte. Le côté, à côté, de côté. Dévoré de cupidité. Une petite cure. La cuve.

Une dame. Une dariole. Dé pipé. Malade débile. Débilité de l'âme. Je te débite. Je débute. La décade. La navire a décapé. Sa figure se décolore. Se dédire de sa parole. Le défilé. Délétère (*léthifère*). Une matière délicate. Le délié. Le délire. Navire démâté. Le démêlé. Une demi-lune. Père dénaturé. Le malade a dépéri. Élire le député. Le navire va à la dérive. Le détenu. Diète curative ; à la diète. La dilatabilité. La dîme ; dîme solide, dîme de suite, dîme de la dîme. Dire la vérité, dire une dureté, dire une saleté. La nature divine, la parole divine.

Honore la Divinité. Le dôme , dôme élevé. Une dorure solide. Joli duo. Une dupe. La dure-mère.

Ebène dure. Une écale. Une école , à l'école ; camarade d'école ; l'école d'Épicure. L'économe. Écu doré. De l'écume. Égalité d'âme. Élève de marine ; l'élève va à l'école. L'élu de la majorité. L'élite. L'émeri. Épi doré. Une épine. Une épure. Une ère. Une étamine ; robe d'étamine. L'été. Une étole. Étude de la nature; une étude

La familiarité gâte l'amitié. Bête familière. La pâle famine. La fane. Une faribole. De la farine , farine dure , farine animale. La fatalité. La fatuité. Figure favorite; le favori. Matière fécale. Une filure. Rime féminine. La féminité. La féodalité. Une fête , la fête de papa. La fétidité. Une fève ; une féverole , la petite féverole. Fidèle à sa parole ; mari fidèle , une amitié fidèle. La fidélité. Figure ovale, une demifigure ; une figurine. Une filature. A la file , demifile. Une filière. La filialité. La filure. Une fine lame. La finale ; la note finale. Le même fini. Une fiole. La forure. Fuite rapide. La futilité. La future.

Une gabare. Gale canine , gale humide. Une galère , le comité d'une galère , la galère capitane. Une galiote. Une galopade. La gare. Robe de gaze , parure de gaze , une gaze fine.

Habileté , de l'habileté , d'habileté. Habile, l'habile , de l'habile , à l'habile. J'habite à la côte. Une habitude , l'habitude de l'étude , l'habitude de rire , l'habitude du café , d'habitude. Habitué à rire. Le hâle , du hâle. Le navire a été halé. Je halène. Le haro; haro! haro! A la hâte. Hâtiveté. Une

mine hâve, la figure hâve. Hélène, fatale Hélène.
Navire hélé. Une hématite. Hérédité, l'hérédité.
J'hérite. L'héritière. Hétérodoxe. Hilarité, l'hilarité
subite. Le hile d'une fève. Radicule hilifère. Holà !
Le holà. Holà ! Holà ! Homonyme, rime homonyme. L'homonymité. J'honore le mérite ; honoré,
honorera. L'hôte, l'hôtelière. Huile fine, de l'huile.
Le huitième, la huitième. L'humanité. Humé ; je
hume, huma, humera. L'humidité. Humilié ; l'hu-
milité. La hune. Une hure. Une hyène.

Pureté idéale, égalité idéale. Une idéalité, l'idéalité. Ipécacuana, de l'ipécacuana. L'idiome. Une
idiote. Une idole, l'idole de l'avare. Une île aride ;
l'île de Java. Ilote (*Hilote*, *Hélote*). Imite ta mère.
Je t'imite. L'inamovibilité. Inanimé. Inanité (*vanité*,
inutilité). L'inégalité. Inhabile. L'inhabileté. L'in-
habilité. L'inimitié. L'inhumanité. L'inhumidité.
La petite vérole s'inocule. La tulipe inodore. L'iode.

Une Jacobine. Une jale. Une jérémiade. La jo-
vialité. Le jubé. Le jubilé. La judicature. Une juive.
Une jujube. La jupe d'été. Le juré ; le juri, le jury.
Le Kabile. Kadi (*cadi*). Le kali.

Une lacune. Lady Mary, une lady. Le lama.
Une fine lame. Une lanière. Bête lanifère. La lapine.
Radicule latérale. La latinité, une latinité pure.
Latitude sidérale. Le lavabo. La lave, une lave ; je
lave. De la lavure. Le lé. La légalité. Le légume.
Rime léonine. Léthifère. La lève. Le levé. Je lève
la tête, le père leva la dîme. La levure. Le lévite,
une lévite. Une liane ; la liane amère (*abute*),
liane à batate, liane à caconc, liane à patate,

liane à rave , liane à râpe. La libéralité. Une ligature. Une liure. Lime ovale , une lime. La limure. La limite de la vérité ; je me limite. De la limonade. Une limonadière. La limonière. Une linière. Lire vite , Une litière. La litote. Figure livide. La lividité. Le lobe ; lobule. Une localité ; la matière a la localité. Une locomotive. Le loto. La lune va luire. Une vive lumière. La lune pâle , la lune inégale. Le luxe. Une luxure. Lyre divine , lyre fidèle ; ma lyre , sa lyre.

Du macaroni. Une maculature sale. Madame mère. La madone. Une mahométane. La majorité. Le maki vari , le maki mococo. Le mâle. Malhabile. La manière. Le manipule. Une mare. Le mari , le marié. Une marinade. La marine. Une matélote. Le matamore. La matérialité. La mâture. La maturité. Une maxime. Le mélèze. Le mélomane , une mélomane. Le même , la même , de même. La tête de la ménade. Ma mère. Mérite rare. Le météore. La méthode latine. Le mica. A midi. Le mime. Une mine. Matière minérale. Une miniature. Une minière. La minorité. Une minute , une demi-minute. La mire ; je me mire. Fête mobile. La mobilité. Une modalité. Le mode ; la mode. Le modèle. Le module. Du café de Moka , du moka. Le môle. Une molécule. Une monade. Monocotylédone. Le monomane , une monomane. Le monopole. Fixité monotone. La morale , une morale pure. La moralité. Le More. Le moxa. Une mule. Une mûre. La murène. Le muriate. La mutabilité. Une mine mutine. La mutualité Une myriade. Myure. Myxa. Myxine. Myzoxyle.

Une nabote. Sérénité native. La fête de la Nativité. La nature s'anime. La tarière navale. Navire mâté. Une négative. Une nérite. Huile de Nicodème. Nome, binome. A None. Nota béné. Une notabilité. Une note ; je le note. La notoriété. Dîme novale. Nu-tête. Nudipède. La nudité. Une nubécule. Nubile, nubilité. Le numéro.

Une obole. Ode à la Divinité. Une olive. L'opale. A l'opéra. J'opère ; le remède a opéré. L'Arabe. Figure ovale, Epi ové. Ovipare. Oxyde.

La pagode. Une palatale. La pale. Une lumière pâle. Pâli (*devenu pâle*). A demi-pâmé. Une panetière. Le pape. Une parabole. Une parade. Le paradoxe ; une vérité paradoxale. Le parère. Une parure. Le pari. La pariade. Suture pariétale. Le paria. Une parité. Parole rude, parole sûre, parole sale, parole de colère ; une parole ; la parole de vérité ; la parole divine, se dédire de sa parole. Le paroli. Paronyme. La parotide. Une patate. De la pâte. Le pâté. Manière, mine pateline. La patène. Une patère. Une patinade. Une patine. Le malade a pâti. La pâture. Une pavane. Le pavé. Une pécore (*une bête*). Le pécule. La pécune ; vide de pécune. Pédale de piano ; une pédale. Le pédicule. Pédicure. Pédiluve tiède. Pédimane. La pelade. Pêle-mêle. Je pèle. Pélamide bicolore. Une pèlerine. Une pelote ; je pelote. Pelure. Matière pénale. La pénalité. Le pène. Une pépinière. Père économe, père sévère, père honoré ; le père. Une péri. Le péribole. Une période ; le période. Pérone velu. Le péroné. Péroxyde. Pétale ; monopétale, dipétale, polypétale ;

lame du pétale. La tête me pète. Le piano, du piano.
Le pica. Piété solide, piété pure, piété vive, piété
filiale, la piété. Je piète. Je piétine. La pile, une
pile; je pile. Cacao pilé. Le pilori. Une pilule dé-
purative, pilule de copahu, j'avale la pilule, je dore
la pilule. Une pipe, une demi-pipe; je fume la
pipe. Piqûre d'épine, une piqûre. Le pirate de Salé.
Pire, devenu pire, sera pire. De la pirole. Une
pite. La pitié, une pitié fatale. La pituite. Le
poêle; la poêle, une poêle de tole. Le poème. Le
poète. Le pôle. La polarité. Le poli. Le polygame.
Le polygone; figure polygone. Polinôme. Polype
ovipare. Le pope. La popularité. Le pubère, une pubère. Une puérilité. Puîné. Une âme pure. La pureté. Mère putative. Le pylone. Le pylore. Figure
pyramidale. Une pyramide; l'arête de la pyramide.
La pyrite.

Rabêti (*devenu bête*). Je rabote. Une rade. La
rafale a démâté le navire. Navire rafalé. Le rale a
volé de côté; le malade a déjà le râle. La rame;
la pale d'une rame; la rame humide; la rame mobile; une rame de galère. Une demi rame. Farine
de rame. Je ramène. La ramure de la bête. La nature se ranime, sa colère se ranime, sa figure se
ranima. La ranule. Râpe d'épi; une râpe; je râpe.
Une rivière rapide. Sa fatale rapidité. Une rapière.
La rapine. De la râpure. Ami rare. La rareté. Du
ratafia; ratafia de café. Ratatiné. La rate, sa rate
fume; une rate. Une ratière. Ratine, de la ratine.
Une rature; je rature d'habitude. Une rave, la rave
hâtive, une variété de rave. Ravigote à l'huile, une

ravigote. Une ravine. Raviné. Je ravive. La réale. La réalité. Rebuté. Je récapitule. Une reculade. Je recule ; la mère recula. Je récupère , je me récupère. Redevenu pâle. Redire. Une redite. Réélire le pape. Le référé. Bu à la régalade ; une régalade. Le régale ; la régale ; une régale (*variété d'anémone*) ; je régale ; je me régale ; régalé de pâté. Le régule, du régule. La régularité. Une régulière (*variété de tulipe*) ; figure régulière. Réhabilité, réhabité, réhabitué. Rejeté de sa mère. Le relevé. Je relève, je me relève, relève la tête. Une reliure, une demi-reliure. Relire. Reluire. Le remède. La rène. Une rénégate. Je répare , réparera. Je repèle. Je répète , je le répète. Une mule rétive. La rétine. Je retire ma parole ; retire ta tête. Le rêve de l'avare. Je révèle. Le revenu. Je rêve ; rêvé , rêvera. Je révère (*j'honore*) Revêtu d'une capote. Sépale révoluté. Une rhagade. Le rhume. Une ride. Le ridicule ; vanité ridicule ; la petite ridicule. Une ridiculité. Une rigole. Rime féminine. Une ripe. Ripicole. La ripogône. Rire à Molière ; le rire. Sara a ri. La rivalité. Une rive , la rive fatale. A la rivière. Une rivure. Une rixe. Une rizière. Robe d'été, une robe, sa robe, ma robe, ta robe ; la robe de Pomone. Le rôle, je répète le rôle. Du rôti, le rôti. La rotule. Le mérite honore la roture ; une mine roturière, manière roturière. Le ru. Ruade d'âne , une ruade de mule. Le cône rubané. Figure rude. Ruine totale ; je jure sa ruine ; Hélène a été sa ruine. A demi-ruiné. Je rumine.

Sa mère , sa robe , sa tête , sa fête. La sabine.

Une sabinite. Sabotière, petite sabotière. De la salade, une salade. Sale ; une parole sale, une côte sale. Du salé, le salé se gâte. Je sale, je me sale ; salière ; la salure ; une saline. Sali (*devenu sale*). Une saleté. La salive. Le samedi. La sape, une demi-sape. La rivière a sapé. Coloré, sonore, sapide ; une sapidité fade. Une sapinière, une sapine. La saponarine. La saponide. Une robe de satinade. Le satiné ; la tulipe satine. Satire, une fine satire, la satire ; le satyre. Savane du Canada. Une savate ; une savetière. Sébile, petite sébile. La sécularité. La sécurité, une sécurité, la même sécurité. Séduire, le séduire, séduire l'âme, la mère a été séduite. Je sème. Semi-lune (*d'une demi-lune*), semi-minime, semi-opale, semi-pédale, semi-pite. Une séminule ; séminulifère ; séminifère. Le séné, séné de Moka. Le sénevé. Séparé ; je sépare ; le père se séparera de la mère. La sépia, une sépia. Une sérénade. La sérénité de l'âme, une sérénité, sa sérénité. Une serine. La sève. Père sévère, parole sévère ; morale sévère ; la sévérité. La silicule. Le silo. La similitude, une similitude. Une sinécure. La sirène, une sirène. Le siroco. Site animé, site varié, site monotone. Situé du côté du midi. Le sofa, du sofa. Une sole, la sole ; une sole d'âne, de mule. La solidarité. Piété solide, amitié solide, mérite solide ; le solide, du solide ; la solidité. Solipède ; l'âne solipède. La solitude, une solitude. Une solive. La solubilité. Sonate de piano, une sonate ; une sonatine. La sonorité. Soporifère. La suavité de sa figure. Une ruine subite. La suite, à la suite, une suite, de suite. La supériorité, une supériorité, sa supériorité. La sûreté, à sa sûreté, la mère de la sûreté. Une suture. Le sybarite, une sybarite Le sycomore. Le synode. Synonyme d'habileté.

Ta mère. Petite tabatière. Du tafia. Une tanière. Une tape. Du tapioca. Le tarare. Déduire la tare ; l'humidité l'a taré. Petite tarière. Une tavelure. Une taxe, la taxe ; je la taxe. La témérité. Le ténia. La ténuité. Tenure féodale, tenure de roture. La tête; ma mule leva la tête ; tête d'âne ! le tête-à-tête; une tétière, une tétine. Oh ! le têtu ! Du thé ; le thé péko, le thé doré. La thémède polygame. Thème ; théorème. Thuia du Canada. Tiare papale, la tiare. Le tibia. Amitié tiède ; tiédi (*devenu tiède*). La timidité, une timidité ridicule. Une tine. Une tirade. La tirelire ; le tirelire. Je tire de la tôle. Je tolère. Une tomate. Topaze de Bohème ; une topaze. La totalité. Tube de sûreté ; le tube coloré. Polype tubicole, polype tubulifère, polype tubulipore. Une tubulure. Une tuile. Tulipe de Java, une tulipe, fête de la tulipe. Type mobile.

A l'unanimité. Uni d'amitié. Unipétale. Unipolarité. Une unité ; l'unité ; je ramène à l'unité ; l'unité de la Divinité. L'urane, l'urate, l'ure, l'urétère, l'urétérité. L'urine, une urine ; j'urine. Utérine (*de la même mère*) ; utérinité. L'utilité, l'utile ; une utilité médiate.

Vacuité, la vacuité. La vade. Valériane, la valériane. Valétudinité. Valide ; la validité. Vanité, une vanité fatale, une vanité ridicule. La variabilité.

La nature a varié. La variole (*la petite vérole*), variolé (*de la nature de la variole*). Véhicule rapide ; le véhicule. Velu ; le velu ; velutipède. La vénalité. Vénénifère. Je la vénère. Je fume de la vérine ; la vérine du navire. Dire la vérité, une vérité, la pure vérité, une parole de vérité ; à la vérité ; une vérité morale. Vêtu d'une robe de bure. La vêture. La viabilité. Vidamé (*du vidame*). Tête vide, à vide ; le vide. Vileté de la matière. Une viole, petite viole. Vipère, une vipère marine ; la vipérine. Une virago. Robe virile, âme virile ; la virilité. Une virole. La vitalité. Va vite. Je vitupère. Vivipare ; le vivipare, la vivipare. Volatile, le volatile (*vole*) ; la volatilité. La vole. La parole vole. Une volière. La volubilité ; volubile. Unité de volume. Une volute. Vomi de l'abîme. Du vote , le vote ; je vote. Vu de côté ; le vu.

Ile de Xicoco, île de Ximo.

Rivière Yapura. Une yarète. L'ybéra. Yédo. Une yole.

Le zaga. Le zacatula. Le zébu ; île de Zébu. Le zèle le dévore. Zélotype. Une zénale. Une zéolithe, la zéolithe dure. Le zéro ; réduite à zéro. La zibeline ; robe de zibeline. Zone méridionale. Zoolithe. Zoolithifère. Le zygoma.

Foix, imprimerie de Pomiés frères.

La *Pédagogie de la Lecture et de la Prononciation* se divise
en sept parties , savoir :

    1re partie. — Consonnes et voyelles.
    2e partie. — Consonnes doubles et voyelles doubles.
    3e partie. — Éléments consonnes et éléments voyelles.
    4e partie. — Consonnes sifflantes et éléments voyelles doubles.
    5e partie. — Consonnes diverses et voyelles diverses.
    6e partie. — Doubles prononciations.
    7e partie. — Suppressions de lettres.

Chaque partie est composée : 1° d'un *tableau de lecture*, 2°
des *explications théoriques et pratiques* sur l'usage de ce tableau ;
3° d'un *vocabulaire syllabique* de tous les mots français dans la
composition desquels il entre un ou plusieurs des éléments renfer-
més dans le tableau ; 4° enfin d'un exercice de *lecture courante*
présentant ces mêmes mots dans des phrases morales, instructives
ou simplement grammaticales, puisées aux sources les plus pures,
c'est-à-dire dans les auteurs dont les écrits font autorité en matière
de langage français.

Des *règles* simples, faciles, *invariables* pour la perception des
syllabes, sont placées en tête de chaque exercice de lecture courante.

Tel est l'ensemble de ce nouvel ouvrage primaire, qui ne saurait être confondu avec aucun autre de ce genre publié jusqu'à ce
moment, et sur lequel l'auteur se plaît à appeler l'attention de
toutes les personnes vouées à l'enseignement.

ON LE TROUVE

A FOIX, CHEZ POMIÉS FRÈRES, LIBRAIRES.

PRIX :

1re partie. — Consonnes et voyelles. . . . . 25 c.

Les 5 tableaux de lecture, imprimés en caractères
très gros (une feuille de papier couronne chacun), avec
brochure explicative, in-8° de 16 pages. . . . . 1 fr.

Il sera fait une remise à MM. les Instituteurs.

————

Les autres parties sont sous presse et paraîtront incessamment.